Tales from Chile: Bilingual Stories for Spanish Language Learners

Coledown Bilingual Books

Published by Coledown Bilingual Books, 2023.

TALES FROM CHILE: BILINGUAL STORIES FOR SPANISH LANGUAGE LEARNERS

First edition. September 22, 2023.

Copyright © 2023 Coledown Bilingual Books.

ISBN: 979-8223883395

Written by Coledown Bilingual Books.

Table of Contents

Secretos Bajo los Andes

Había un tranquilo pueblo enclavado en las profundidades de los Andes chilenos, conocido como San Antonio de los Cielos. Sus habitantes, aunque pocos en número, vivían en armonía con la naturaleza y se enorgullecían de su comunidad unida. La vida en este rincón remoto del mundo era como un capítulo olvidado en un libro antiguo, hasta que un día, la llegada de un forastero llamado Eduardo cambió todo.

Eduardo, un hombre de mirada amable y vestimenta impecable, llegó a San Antonio de los Cielos en busca de una vida más tranquila lejos del ajetreo de la ciudad. Adquirió una pequeña casa de campo en las afueras del pueblo y pronto se ganó el respeto de los lugareños por su actitud humilde y su voluntad de ayudar en cualquier tarea que se le presentara.

Un día, mientras Eduardo exploraba los alrededores de su nuevo hogar, tropezó con una antigua cueva escondida detrás de una cascada en la base de una montaña. Intrigado, decidió aventurarse en lo desconocido. Lo que descubrió en el interior de la cueva cambiaría no solo su vida, sino la de todo el pueblo de San Antonio de los Cielos.

Dentro de la cueva, Eduardo encontró una serie de antiguos manuscritos escritos en un español arcaico. Los manuscritos relataban la historia de una civilización perdida que una vez habitó las montañas de los Andes chilenos. Describían la sabiduría de este pueblo antiguo, su profundo conocimiento de la naturaleza y los secretos que habían mantenido ocultos durante siglos.

Emocionado por su descubrimiento, Eduardo compartió los manuscritos con los habitantes del pueblo. Juntos, comenzaron a investigar y descubrieron que estos antiguos conocimientos podrían tener el potencial de transformar la vida en San Antonio de los Cielos. A medida que exploraban los secretos de la antigua civilización, la comunidad se volvió más unida que nunca.

Sin embargo, no todo fue fácil. El conocimiento antiguo también atrajo la atención de personas codiciosas de fuera del pueblo que buscaban explotar esos secretos para su propio beneficio. Eduardo y los lugareños se vieron envueltos en una lucha por proteger su patrimonio cultural y preservar los tesoros que habían descubierto.

A lo largo de su viaje, Eduardo encontró amor en el lugar menos esperado, en forma de Isabel, una joven arqueóloga apasionada que llegó al pueblo para estudiar los manuscritos y la historia de la civilización perdida. Juntos, Eduardo e Isabel se embarcaron en una historia de amor que floreció en medio de la aventura y el misterio de los Andes chilenos.

La historia de San Antonio de los Cielos se convirtió en una historia de redescubrimiento, unión y la lucha por proteger lo que más valoraban. Los lugareños, liderados por Eduardo y con la ayuda de Isabel, enfrentaron desafíos y obstáculos, pero su determinación y amor por su tierra los llevaron a triunfar.

Secrets Beneath the Andes

There was a quiet village nestled deep in the Chilean Andes known as San Antonio de los Cielos. Its inhabitants, though few in number, lived in harmony with nature and took pride in their close-knit community. Life in this remote corner of the world was like a forgotten chapter in an old book, until one day, the arrival of a stranger named Eduardo changed everything.

Eduardo, a man with a kind gaze and impeccable attire, came to San Antonio de los Cielos in search of a quieter life away from the city's hustle and bustle. He acquired a small country house on the outskirts of the village and soon earned the respect of the locals for his humble attitude and willingness to help with any task that came his way.

One day, while Eduardo was exploring the surroundings of his new home, he stumbled upon an ancient cave hidden behind a waterfall at the base of a mountain. Intrigued, he decided to venture into the unknown. What he discovered inside the cave would not only change his life but also that of the entire village of San Antonio de los Cielos.

Inside the cave, Eduardo found a series of ancient manuscripts written in archaic Spanish. The manuscripts recounted the history of a lost civilization that once inhabited the Chilean Andes. They described the wisdom of this ancient people, their profound knowledge of nature, and the secrets they had kept hidden for centuries.

Excited by his discovery, Eduardo shared the manuscripts with the villagers. Together, they began to investigate and discovered that this ancient knowledge had the potential to transform life in San Antonio de los Cielos. As they explored the secrets of the ancient civilization, the community grew closer than ever before.

However, it wasn't all smooth sailing. The ancient knowledge also drew the attention of greedy outsiders who sought to exploit these secrets for their own gain. Eduardo and the villagers found themselves in a struggle to protect their cultural heritage and preserve the treasures they had uncovered.

Throughout their journey, Eduardo found love in the most unexpected place, in the form of Isabel, a passionate young archaeologist who arrived in the village to study the manuscripts and the history of the lost civilization. Together, Eduardo and Isabel embarked on a love story that blossomed amidst the adventure and mystery of the Chilean Andes.

The story of San Antonio de los Cielos became a tale of rediscovery, unity, and the fight to protect what they held most dear. Led by Eduardo and with Isabel's help, the villagers faced challenges and obstacles, but their determination and love for their land led them to triumph.

El Enigma de la Casa Abandonada

En el tranquilo pueblo de Pueblo Viejo, en las colinas de la costa chilena, se alzaba una casa abandonada que había sido el centro de numerosas leyendas locales. La mansión, conocida como la "Casa de los Susurros", se encontraba en lo alto de una colina, rodeada de bosques frondosos y envuelta en un misterio que había intrigado a los habitantes del pueblo durante generaciones.

La Casa de los Susurros era un espectáculo imponente, con su arquitectura antigua y sus ventanas rotas que parecían susurrar historias olvidadas en cada crujido del viento. Se decía que estaba embrujada, que las sombras se movían en su interior por la noche y que extraños sonidos provenían de sus profundidades.

Nadie se atrevía a acercarse a la casa abandonada, excepto por un joven intrépido llamado Martín. Martín era un apasionado por los misterios y las leyendas, y había crecido escuchando historias sobre la Casa de los Susurros. Un día, decidido a descubrir la verdad detrás de los rumores, decidió aventurarse dentro de la mansión.

Con una linterna en mano y el corazón latiendo con fuerza, Martín ingresó a la casa en ruinas. A medida que exploraba las habitaciones llenas de polvo y muebles cubiertos por sábanas grises, comenzó a sentir una extraña presencia a su alrededor. Sin embargo, no estaba solo.

En el rincón más oscuro del sótano, Martín encontró un viejo álbum de fotos lleno de retratos de una familia que había vivido en la casa décadas atrás. Parecían una familia feliz, pero a medida que hojeaba las páginas amarillentas, notó algo inquietante: todas las caras de los retratos habían sido tachadas con tinta negra, como si alguien hubiera intentado borrar su existencia.

Martín estaba decidido a desentrañar el enigma de la Casa de los Susurros. A medida que profundizaba en la investigación, descubrió que la familia que alguna vez habitó la mansión había desaparecido misteriosamente una noche, sin dejar rastro. La comunidad nunca había sabido qué les había ocurrido.

Con la ayuda de un grupo de amigos, Martín decidió investigar más a fondo. A medida que descubrían secretos ocultos en la casa, comenzaron a desentrañar la verdad detrás de la desaparición de la familia y los extraños susurros que habían atormentado al pueblo durante años.

La historia los llevó por un laberinto de secretos enterrados, revelaciones impactantes y descubrimientos que cambiarían la percepción del pueblo sobre la Casa de los Susurros para siempre. Martín y sus amigos se dieron cuenta de que, a veces, la verdad más inquietante se encuentra justo debajo de la superficie, esperando a ser descubierta.

The Enigma of the Abandoned House

In the quiet village of Pueblo Viejo, nestled in the hills of the Chilean coast, stood an abandoned house that had been the center of numerous local legends. The mansion, known as the "House of Whispers," perched atop a hill, surrounded by lush forests and shrouded in a mystery that had intrigued the town's inhabitants for generations.

The House of Whispers was an imposing sight, with its ancient architecture and broken windows that seemed to whisper forgotten stories with every creak of the wind. It was said to be haunted, with shadows moving inside at night and strange sounds emanating from its depths.

No one dared to approach the abandoned house, except for a fearless young man named Martin. Martin was passionate about mysteries and legends and had grown up hearing stories about the House of Whispers. One day, determined to uncover the truth behind the rumors, he decided to venture inside the mansion.

With a flashlight in hand and his heart pounding, Martin entered the dilapidated house. As he explored the dust-filled rooms and furniture covered in gray sheets, he began to feel a strange presence around him. However, he was not alone.

In the darkest corner of the basement, Martin found an old photo album filled with portraits of a family that had lived in the house decades ago. They appeared to be a happy family, but as he flipped through the yellowed pages, he noticed something unsettling: all the faces in the portraits had been crossed out with black ink, as if someone had tried to erase their existence.

Martin was determined to unravel the enigma of the House of Whispers. As he delved into his investigation, he discovered that the family that had once inhabited the mansion had mysteriously disappeared one night, leaving no trace behind. The community had never known what had happened to them.

With the help of a group of friends, Martin decided to dig deeper. As they uncovered hidden secrets in the house, they began to unravel the truth behind the family's disappearance and the strange whispers that had haunted the town for years.

The story led them through a labyrinth of buried secrets, shocking revelations, and discoveries that would change the town's perception of the House of Whispers forever. Martin and his friends realized that sometimes the most unsettling truth lies just beneath the surface, waiting to be discovered.

El Tesoro del Pueblo de las Estrellas

En las vastas llanuras del norte de Chile, donde el cielo nocturno se abre en un despliegue de estrellas, se encontraba el pueblo de San Esteban de las Estrellas. Este rincón remoto de Chile era conocido por sus noches despejadas y su observatorio astronómico, que atraía a científicos y astrónomos de todo el mundo. Pero bajo el brillante firmamento, el pueblo guardaba un antiguo secreto.

Era una mañana de verano cuando Isabella, una joven de San Esteban de las Estrellas, descubrió un antiguo mapa en el desván de su abuela. El mapa estaba lleno de símbolos extraños y referencias a estrellas y constelaciones. La abuela de Isabella le contó una antigua leyenda que había sido transmitida de generación en generación en el pueblo.

La leyenda hablaba de un tesoro oculto en algún lugar de las llanuras, un tesoro que estaba vinculado a las estrellas y que solo podía ser descubierto por aquellos que entendieran los secretos del cielo nocturno. Isabella, apasionada por la astronomía, sintió que esta era su oportunidad de hacer algo grande por su comunidad.

Con la ayuda de su mejor amigo, Diego, un talentoso astrónomo aficionado, Isabella se propuso descifrar el enigma del mapa y encontrar el tesoro perdido. Juntos pasaron noches observando el cielo estrellado y estudiando los símbolos en el mapa, tratando de descifrar el mensaje oculto.

A medida que profundizaban en su búsqueda, se dieron cuenta de que el mapa estaba relacionado con los movimientos de las estrellas y las constelaciones en el cielo nocturno. Los antiguos habitantes de San Esteban de las Estrellas habían creado un enigma astronómico que revelaría la ubicación del tesoro cuando las estrellas y los planetas se alinearan de cierta manera.

La búsqueda del tesoro se convirtió en una aventura épica que llevó a Isabella y Diego a explorar el vasto desierto chileno, enfrentando desafíos naturales y resolviendo enigmas astronómicos. A lo largo de su viaje, hicieron nuevos amigos entre los habitantes de las aldeas cercanas, quienes también ansiaban descubrir el tesoro.

Finalmente, una noche, mientras observaban el cielo desde una colina en las afueras del pueblo, Isabella y Diego descifraron el último enigma astronómico y descubrieron la ubicación exacta del tesoro. Siguiendo el mapa, llegaron a una antigua cueva en las montañas.

Dentro de la cueva, encontraron una caja de madera tallada a mano que guardaba tesoros antiguos y reliquias de la historia de su pueblo. Pero el verdadero tesoro no era el oro ni las joyas, sino el conocimiento y la conexión con las estrellas que habían heredado de sus antepasados.

Isabella y Diego regresaron al pueblo con el tesoro en mano, compartiendo la historia de su búsqueda y lo que habían aprendido sobre las estrellas. El pueblo de San Esteban de las Estrellas celebró con alegría el regreso de sus héroes locales y el tesoro que fortaleció su vínculo con el cielo nocturno.

The Treasure of the Town of Stars

In the vast plains of northern Chile, where the night sky opens up in a display of stars, lay the town of San Esteban de las Estrellas. This remote corner of Chile was known for its clear nights and its astronomical observatory, which attracted scientists and astronomers from around the world. But beneath the brilliant firmament, the town harbored an ancient secret.

It was a summer morning when Isabella, a young woman from San Esteban de las Estrellas, discovered an ancient map in her grandmother's attic. The map was filled with strange symbols and references to stars and constellations. Isabella's grandmother told her an ancient legend that had been passed down from generation to generation in the town.

The legend spoke of a hidden treasure somewhere in the plains, a treasure that was linked to the stars and could only be discovered by those who understood the secrets of the night sky. Isabella, passionate about astronomy, felt that this was her chance to do something great for her community.

With the help of her best friend, Diego, a talented amateur astronomer, Isabella set out to decipher the enigma of the map and find the lost treasure. Together, they spent nights gazing at the starry sky and studying the symbols on the map, trying to unlock the hidden message.

As they delved deeper into their search, they realized that the map was related to the movements of the stars and constellations in the night sky. The ancient inhabitants of San Esteban de las Estrellas had created an astronomical puzzle that would reveal the treasure's location when the stars and planets aligned in a certain way.

The quest for the treasure became an epic adventure that led Isabella and Diego to explore the vast Chilean desert, facing natural challenges and solving astronomical puzzles. Along their journey, they made new friends among the inhabitants of nearby villages, who also yearned to discover the treasure.

Finally, one night, as they observed the sky from a hill on the outskirts of the town, Isabella and Diego deciphered the last astronomical puzzle and found the exact location of the treasure. Following the map, they arrived at an ancient cave in the mountains.

Inside the cave, they found a hand-carved wooden box that held ancient treasures and relics from their town's history. But the real treasure was not the gold or the jewels; it was the knowledge and connection to the stars that they had inherited from their ancestors.

Isabella and Diego returned to the town with the treasure in hand, sharing the story of their quest and what they had learned about the stars. The town of San Esteban de las Estrellas celebrated the return of their local heroes and the treasure that strengthened their bond with the night sky.

El Misterio del Faro de Punta Aurora

En la costa rocosa de Chile, donde el océano Pacífico besaba la tierra con furia y majestuosidad, se encontraba el pequeño pueblo pesquero de Punta Aurora. Este remanso de tranquilidad había sido testigo de generaciones de pescadores que confiaban en el faro que se alzaba en su acantilado para guiar sus barcos de regreso a casa. Sin embargo, bajo su aparente calma, Punta Aurora albergaba un misterio que acechaba en las profundidades del mar.

María, una joven intrépida y apasionada por el mar, había escuchado desde niña las historias sobre el faro. Su abuelo, un antiguo pescador, le había contado cuentos sobre extrañas luces que brillaban en el horizonte y cantos misteriosos que se oían en la noche. Cuando su abuelo falleció, le dejó a María un diario lleno de anotaciones sobre el faro y sus misterios, encendiendo su curiosidad.

Una noche, mientras María observaba el faro desde la orilla, vio algo que le erizó la piel. Luces parpadeantes en el faro formaban un patrón que nunca antes había visto. Sabía que no podía ignorarlo. Decidió investigar.

Reunió a un grupo de amigos de confianza, incluyendo a su mejor amigo, Santiago, y juntos comenzaron a descifrar las anotaciones en el diario de su abuelo. Las pistas los llevaron a explorar los alrededores del faro y a hablar con los ancianos del pueblo, quienes compartieron historias sobre tiempos antiguos y leyendas de sirenas que habían rodeado la zona.

A medida que profundizaban en su investigación, María y sus amigos descubrieron un antiguo mito: la leyenda de La Sirena de Punta Aurora, una criatura mágica que se decía que habitaba las aguas cercanas al faro. Se creía que la sirena tenía el poder de controlar las luces del faro y que su canto tenía el poder de atraer a los barcos hacia las rocas.

María y su grupo se embarcaron en una misión para descubrir si la leyenda de la sirena tenía algún fundamento. Durante sus noches de investigación, escucharon cantos misteriosos que parecían venir del mar y vieron sombras fugaces en las olas. La verdad estaba más cerca de lo que habían imaginado.

Finalmente, en una noche tormentosa, mientras se encontraban en un bote cerca del faro, vieron una figura emerge del agua. Era una criatura mitad mujer, mitad pez, la Sirena de Punta Aurora. No era una amenaza, sino una guardiana de las aguas que había estado tratando de proteger a los barcos del peligro de las rocas.

La sirena les reveló su historia y su conexión con el faro. Maria y sus amigos comprendieron que debían ayudar a la sirena a comunicarse con los pescadores y evitar accidentes en el mar. Juntos, desarrollaron un sistema de señales con las luces del faro que indicaba cuándo era seguro navegar y cuándo era mejor quedarse en tierra.

La noticia de la colaboración entre los jóvenes y la Sirena de Punta Aurora se difundió por el pueblo, y la comunidad se unió en apoyo de su nuevo sistema de seguridad. El faro, antes un misterio insondable, se convirtió en un faro de esperanza y protección para los pescadores de Punta Aurora.

The Mystery of Punta Aurora Lighthouse

On the rocky coast of Chile, where the Pacific Ocean kissed the land with fury and majesty, lay the small fishing village of Punta Aurora. This haven of tranquility had witnessed generations of fishermen who relied on the lighthouse perched on its cliff to guide their boats back home. However, beneath its apparent calm, Punta Aurora harbored a mystery that lurked in the depths of the sea.

María, a fearless young woman passionate about the sea, had heard stories about the lighthouse since she was a child. Her grandfather, an old fisherman, had told her tales of strange lights that shone on the horizon and mysterious songs that could be heard at night. When her grandfather passed away, he left María a diary filled with notes about the lighthouse and its mysteries, igniting her curiosity.

One night, as María gazed at the lighthouse from the shore, she saw something that sent shivers down her spine. Blinking lights on the lighthouse formed a pattern she had never seen before. She knew she couldn't ignore it. She decided to investigate.

She gathered a group of trusted friends, including her best friend Santiago, and together they began deciphering the notes in her grandfather's diary. The clues led them to explore the surroundings of the lighthouse and to talk to the elders of the village, who shared stories of ancient times and legends of mermaids that had surrounded the area.

As they delved deeper into their investigation, María and her friends discovered an ancient myth: the legend of the Siren of Punta Aurora, a magical creature said to inhabit the waters near the lighthouse. It was believed that the siren had the power to control the lighthouse lights and that her song had the power to lure ships onto the rocks.

María and her group embarked on a mission to discover if the legend of the siren had any basis in reality. During their nights of research, they heard mysterious songs that seemed to come from the sea and saw fleeting shadows in the waves. The truth was closer than they had imagined.

Finally, on a stormy night, while they were in a boat near the lighthouse, they saw a figure emerge from the water. It was a creature, part woman, part fish—the Siren of Punta Aurora. She was not a threat but a guardian of the waters who had been trying to protect ships from the danger of the rocks.

The siren revealed her story and her connection to the lighthouse. María and her friends understood that they needed to help the siren communicate with the fishermen and prevent accidents at sea. Together, they developed a signaling system with the lighthouse lights that indicated when it was safe to sail and when it was better to stay ashore.

The news of the collaboration between the young people and the Siren of Punta Aurora spread throughout the village, and the community rallied behind their new safety system. The lighthouse, once an inscrutable mystery, became a beacon of hope and protection for the fishermen of Punta Aurora.

El Jardín Encantado de Valentina

En Valparaíso, ubicado en la costa de Chile, vivía una niña llamada Valentina. Valentina era una niña especial; su amor por las plantas y la naturaleza la hacía destacar entre los demás niños de su edad. Pasaba horas en el jardín de su abuela, un lugar mágico lleno de flores exuberantes y plantas exóticas.

El jardín de la abuela de Valentina era conocido en todo el pueblo por su belleza y esplendor. Sin embargo, lo que nadie sabía era que el jardín escondía un secreto especial. Por las noches, cuando la luna brillaba en lo alto del cielo, las flores cobraban vida y susurraban cuentos mágicos a Valentina.

Valentina estaba fascinada por este mundo encantado y comenzó a visitar el jardín de noche en secreto. Cada flor, desde las rosas hasta las margaritas, tenía una historia que contar. Hablaban de amistad, valentía y el poder de la naturaleza.

Un día, mientras Valentina exploraba el jardín de noche, se encontró con una flor peculiar y brillante en el rincón más alejado. Esta flor no solo hablaba, sino que cantaba melodías hermosas que llenaban el aire de magia y alegría. La flor reveló su nombre, Floriana, y contó a Valentina sobre un antiguo hechizo que podía ayudar a sanar el corazón de su abuela, que había estado enferma desde hace mucho tiempo.

Valentina, con la determinación de ayudar a su abuela, emprendió una búsqueda para encontrar los ingredientes necesarios para el hechizo. Siguiendo las indicaciones de Floriana, se aventuró en el bosque y cruzó arroyos, recolectando hierbas y flores raras. A lo largo de su viaje, conoció a criaturas mágicas que la ayudaron y le enseñaron lecciones valiosas sobre la amistad y la confianza.

Finalmente, Valentina regresó al jardín de su abuela con los ingredientes necesarios para el hechizo. Junto a Floriana, realizó el ritual bajo la luz de la luna. El hechizo funcionó, y la abuela de Valentina se despertó al día siguiente sintiéndose fuerte y saludable.

El jardín encantado de Valentina se convirtió en una leyenda en Valparaíso, y la niña que amaba la naturaleza se convirtió en una heroína en la comunidad. Valentina compartió las historias mágicas de su jardín con los demás, recordándoles la importancia de cuidar y apreciar la naturaleza que los rodeaba.

Valentina's Enchanted Garden

In Valparaíso, located on the coast of Chile, lived a girl named Valentina. Valentina was a special child; her love for plants and nature set her apart from the other children her age. She spent hours in her grandmother's garden, a magical place filled with lush flowers and exotic plants.

Valentina's grandmother's garden was known throughout the town for its beauty and splendor. However, what no one knew was that the garden held a special secret. At night, when the moon shone high in the sky, the flowers came to life and whispered magical tales to Valentina.

Valentina was fascinated by this enchanted world and began to secretly visit the garden at night. Every flower, from the roses to the daisies, had a story to tell. They spoke of friendship, bravery, and the power of nature.

One day, while Valentina was exploring the garden at night, she came across a peculiar and radiant flower in the farthest corner. This flower not only spoke but also sang beautiful melodies that filled the air with magic and joy. The flower revealed its name, Floriana, and told Valentina about an ancient spell that could help heal her grandmother's heart, which had been ill for a long time.

Valentina, determined to help her grandmother, set out on a quest to find the necessary ingredients for the spell. Following

Floriana's directions, she ventured into the forest, crossed streams, and gathered rare herbs and flowers. Throughout her journey, she met magical creatures who assisted her and imparted valuable lessons about friendship and trust.

Finally, Valentina returned to her grandmother's garden with the required spell ingredients. With Floriana's guidance, she performed the ritual under the moonlight. The spell worked, and Valentina's grandmother woke up the next day feeling strong and healthy.

Valentina's enchanted garden became a legend in Valparaíso, and the girl who loved nature became a hero in the community. Valentina shared the magical stories of her garden with others, reminding them of the importance of caring for and appreciating the nature around them.

En Busca del Sol Eterno

Había una vez un mundo sumido en la eterna oscuridad. En este lugar sombrío llamado Nocturia, el sol nunca se alzaba sobre el horizonte y la luna brillaba perpetuamente en el cielo. Los habitantes de Nocturia habían nacido y vivido en la penumbra, y la idea del sol y la luz natural era solo una leyenda transmitida de generación en generación.

En medio de esta noche interminable vivía una joven llamada Aurora. Tenía cabellos dorados y ojos brillantes, y su nombre irradiaba esperanza en un mundo sin luz. Desde niña, Aurora había soñado con ver el sol y conocer la calidez de sus rayos, pero eso parecía una quimera inalcanzable en Nocturia.

Aurora vivía con su abuelo, quien le contaba historias sobre el mundo exterior, un lugar de belleza y colores que ella apenas podía imaginar. Su abuelo le hablaba de un antiguo artefacto legendario conocido como el "Ojo del Amanecer", que se decía que tenía el poder de traer el sol de vuelta al mundo. Sin embargo, nadie sabía dónde se encontraba ni cómo usarlo.

Un día, mientras Aurora exploraba los oscuros bosques que rodeaban su hogar, tropezó con una antigua y misteriosa lámpara en medio de la maleza. Al acercarse, la lámpara comenzó a brillar con un resplandor dorado. Dentro de ella, Aurora encontró un pergamino antiguo con un mapa que parecía señalar la ubicación del Ojo del Amanecer.

Aurora sintió que era su destino encontrar el Ojo del Amanecer y restaurar la luz al mundo. Con el mapa en la mano, partió en un viaje épico hacia lo desconocido, dejando atrás la seguridad de Nocturia y adentrándose en las profundidades de la oscuridad.

En su camino, Aurora se encontró con personajes extraordinarios, cada uno con su propia historia y habilidades únicas. Conoció a Luna, una intrépida exploradora que había estado buscando el Ojo del Amanecer durante años. También conoció a Estelar, un músico talentoso cuyas canciones tenían el poder de iluminar la oscuridad por un breve momento.

Juntos, el grupo emprendió una búsqueda llena de desafíos. Se enfrentaron a criaturas de la noche, cruzaron ríos oscuros y se aventuraron en cavernas profundas en busca de pistas que los llevaran al Ojo del Amanecer. A lo largo de su viaje, Aurora compartió sus sueños y esperanzas con sus nuevos amigos, y juntos encontraron la fuerza para seguir adelante a pesar de la oscuridad que los rodeaba.

Con cada pista que encontraban, Aurora y su grupo se acercaban más a su objetivo. Descubrieron que el Ojo del Amanecer estaba custodiado por el antiguo Guardián del Sol, una figura misteriosa que había velado por el artefacto durante siglos. Para llegar al Ojo del Amanecer, debían enfrentar pruebas de valentía y sabiduría.

Finalmente, llegaron al Santuario del Ojo del Amanecer, donde se encontraron cara a cara con el Guardián del Sol. El Guardián, una figura imponente vestida con túnicas doradas, les contó la historia de Nocturia y cómo había caído en la oscuridad. Reveló que el Ojo del Amanecer estaba destinado a ser usado por aquellos que demostraran el deseo sincero de traer la luz de vuelta al mundo.

Aurora y su grupo pasaron las pruebas con éxito, demostrando su compromiso y valentía. El Guardián del Sol les entregó el Ojo del Amanecer, un artefacto brillante y resplandeciente que irradiaba luz y calor. Con lágrimas en los ojos, Aurora sostuvo el Ojo del Amanecer y lo elevó hacia el cielo oscuro.

En un instante, el mundo de Nocturia se llenó de una luz dorada y cálida que nunca habían experimentado antes. Las estrellas se desvanecieron, y el sol finalmente se alzó sobre el horizonte, bañando el mundo en una luz gloriosa. Los habitantes de Nocturia salieron de sus casas, asombrados y agradecidos por el milagro que presenciaban.

Aurora y sus amigos habían cumplido su misión. El Ojo del Amanecer había devuelto la luz al mundo, y Nocturia se transformó en un lugar de belleza y color. La gente se reunió en la plaza del pueblo, celebrando con música y danzas bajo el sol brillante.

Aurora miró el cielo con gratitud y alegría. Había cumplido su sueño de ver el sol y había traído la luz a su mundo. Con el Ojo del Amanecer como símbolo de esperanza, Aurora y sus amigos sabían que, incluso en la oscuridad más profunda, la luz y la esperanza podían prevalecer.

In Search of the Eternal Sun

Once upon a time, there was a world plunged into eternal darkness. In this shadowy place called Nocturia, the sun never rose above the horizon, and the moon perpetually shone in the sky. The inhabitants of Nocturia had been born and lived in twilight, and the concept of the sun and natural light was merely a legend passed down from generation to generation.

In the midst of this endless night lived a young girl named Aurora. She had golden hair and bright eyes, and her name radiated hope in a world without light. From childhood, Aurora had dreamed of seeing the sun and experiencing the warmth of its rays, but that seemed like an unattainable dream in Nocturia.

Aurora lived with her grandfather, who told her stories about the outside world, a place of beauty and colors she could barely imagine. Her grandfather spoke of an ancient legendary artifact known as the "Eye of Dawn," which was said to have the power to bring the sun back to the world. However, no one knew where it was located or how to use it.

One day, while Aurora was exploring the dark forests surrounding her home, she stumbled upon an ancient and mysterious lamp amidst the underbrush. As she approached, the lamp began to glow with a golden light. Inside, Aurora found an ancient scroll with a map that seemed to point to the location of the Eye of Dawn.

Aurora felt that it was her destiny to find the Eye of Dawn and restore light to the world. With the map in hand, she embarked on an epic journey into the unknown, leaving behind the safety of Nocturia and venturing into the depths of darkness.

On her journey, Aurora encountered extraordinary characters, each with their own story and unique abilities. She met Luna, a fearless explorer who had been searching for the Eye of Dawn for years. She also met Estelar, a talented musician whose songs had the power to illuminate the darkness for a brief moment.

Together, the group embarked on a quest filled with challenges. They faced creatures of the night, crossed dark rivers, and ventured into deep caves in search of clues that would lead them to the Eye of Dawn. Throughout their journey, Aurora shared her dreams and hopes with her new friends, and together, they found the strength to keep moving forward despite the darkness that surrounded them.

With each clue they found, Aurora and her group drew closer to their goal. They discovered that the Eye of Dawn was guarded by the ancient Guardian of the Sun, a mysterious figure who had watched over the artifact for centuries. To reach the Eye of Dawn, they had to face tests of courage and wisdom.

Finally, they arrived at the Sanctuary of the Eye of Dawn, where they came face to face with the Guardian of the Sun. The Guardian, an imposing figure dressed in golden robes, told them the story of Nocturia and how it had fallen into darkness. He revealed that the Eye of Dawn was meant to be used by those who demonstrated a sincere desire to bring light back to the world.

Aurora and her group successfully passed the tests, demonstrating their commitment and bravery. The Guardian of the Sun handed them the Eye of Dawn, a radiant and shining artifact that emitted light and warmth. With tears in her eyes, Aurora held the Eye of Dawn and raised it toward the dark sky.

In an instant, the world of Nocturia was filled with a golden and warm light they had never experienced before. The stars faded away, and the sun finally rose above the horizon, bathing the world in glorious light. The inhabitants of Nocturia emerged from their homes, astonished and grateful for the miracle they were witnessing.

Aurora and her friends had fulfilled their mission. The Eye of Dawn had brought light back to the world, and Nocturia transformed into a place of beauty and color. People gathered in the town square, celebrating with music and dances under the brilliant sun.

Aurora looked at the sky with gratitude and joy. She had fulfilled her dream of seeing the sun and had brought light to her world. With the Eye of Dawn as a symbol of hope, Aurora and her friends knew that even in the darkest of times, light and hope could prevail.

El Tesoro de los Volcanes

En las vastas llanuras del sur de Chile, donde los picos nevados de los volcanes se alzaban majestuosos, se encontraba el pequeño pueblo de Pueblo Nevado. Este rincón remoto de Chile era conocido por su belleza natural y la vista panorámica de los volcanes que rodeaban la región. Sin embargo, bajo la superficie de esta tranquila comunidad, se ocultaba un antiguo misterio.

Había una leyenda transmitida de generación en generación en Pueblo Nevado. Se decía que en lo más profundo de los volcanes se encontraba un tesoro inimaginable, un tesoro que habría sido enterrado hace siglos por los antiguos habitantes de la zona. Pero nadie había logrado encontrarlo, y muchos creían que la leyenda no era más que un cuento de viejos.

Sin embargo, un joven llamado Mateo estaba decidido a descubrir la verdad detrás de la leyenda. Mateo era un apasionado montañista y escalador, y había pasado su vida explorando las laderas de los volcanes en busca de aventuras. Había oído hablar del tesoro desde que era un niño y sentía que su corazón le decía que la leyenda era real.

Una tarde, mientras exploraba una de las rutas menos transitadas en las laderas de un volcán, Mateo encontró una antigua inscripción tallada en una roca. La inscripción estaba en un idioma antiguo y apenas legible, pero Mateo pudo descifrar algunas palabras que hacían referencia al tesoro perdido de los volcanes.

Lleno de emoción, Mateo regresó al pueblo y compartió su descubrimiento con su mejor amigo, Isabella. Isabella era una historiadora y arqueóloga aficionada, y juntos decidieron emprender la búsqueda del tesoro. Sabían que no sería una tarea fácil, pero estaban dispuestos a seguir cualquier pista que los llevara a la verdad detrás de la leyenda.

La pareja pasó meses investigando en bibliotecas y archivos locales, buscando pistas sobre la ubicación del tesoro y la historia de los antiguos habitantes de la región. Descubrieron que los antiguos volcanes solían ser considerados sagrados por las tribus indígenas que habían habitado la zona y que el tesoro estaba vinculado a rituales místicos.

Armaron un equipo de exploración con expertos en geología y arqueología y se adentraron en las profundidades de los volcanes. La búsqueda los llevó a través de pasajes estrechos y túneles subterráneos, enfrentando desafíos como gases tóxicos y temperaturas extremas. Pero Mateo y Isabella estaban decididos a seguir adelante, impulsados por la esperanza de encontrar el tesoro perdido.

A medida que avanzaban en su búsqueda, descubrieron inscripciones y artefactos antiguos que confirmaban la existencia del tesoro. Los antiguos habitantes habían dejado pistas cuidadosamente ocultas a lo largo de los siglos para proteger su tesoro de aquellos que no eran dignos.

Finalmente, después de meses de exploración, Mateo y su equipo llegaron a una cámara subterránea oculta en las profundidades de uno de los volcanes. En el centro de la cámara se encontraba un pedestal de piedra sobre el cual descansaba una misteriosa urna tallada con símbolos antiguos.

Con cuidado, Mateo abrió la urna y reveló su contenido: una colección de joyas, estatuas de oro y objetos preciosos que brillaban a la luz de las antorchas. Habían encontrado el tesoro perdido de los volcanes. La emoción y la gratitud llenaron sus corazones mientras admiraban las maravillas que habían estado ocultas durante siglos.

Decidieron llevar el tesoro de regreso al pueblo para compartirlo con la comunidad y honrar a los antiguos habitantes de la zona. La noticia de su descubrimiento se extendió rápidamente por Pueblo Nevado, y el pueblo celebró con alegría la recuperación de su tesoro perdido.

Pero Mateo y Isabella sabían que el verdadero tesoro no eran las joyas ni los objetos preciosos, sino la historia y la conexión con los antiguos habitantes de la región. A través de su investigación y exploración, habían desenterrado no solo riquezas materiales, sino también una parte importante de la historia de su tierra natal.

The Treasure of the Volcanoes

In the vast plains of southern Chile, where the snow-capped peaks of volcanoes rose majestically, lay the small town of Snowy Village. This remote corner of Chile was known for its natural beauty and the panoramic view of the surrounding volcanoes. However, beneath the surface of this tranquil community, an ancient mystery was hidden.

There was a legend passed down from generation to generation in Snowy Village. It was said that deep within the volcanoes lay an unimaginable treasure, a treasure that had been buried centuries ago by the ancient inhabitants of the area. But no one had managed to find it, and many believed that the legend was nothing more than an old tale.

However, a young man named Mateo was determined to uncover the truth behind the legend. Mateo was a passionate mountaineer and climber, and he had spent his life exploring the slopes of the volcanoes in search of adventure. He had heard of the treasure since he was a child and felt that his heart told him the legend was real.

One afternoon, while exploring one of the less-traveled routes on the slopes of a volcano, Mateo stumbled upon an ancient and mysterious inscription carved into a rock. The inscription was in an ancient and barely legible language, but Mateo was able to decipher some words that referred to the lost treasure of the volcanoes.

Filled with excitement, Mateo returned to the town and shared his discovery with his best friend, Isabella. Isabella was a historian and amateur archaeologist, and together they decided to embark on a quest to find the treasure. They knew it wouldn't be an easy task, but they were willing to follow any clues that would lead them to the truth behind the legend.

The pair spent months researching in local libraries and archives, searching for clues about the treasure's location and the history of the ancient inhabitants of the region. They discovered that the ancient volcanoes used to be considered sacred by the indigenous tribes that had inhabited the area and that the treasure was linked to mystical rituals.

They assembled an exploration team with experts in geology and archaeology and ventured into the depths of the volcanoes. The search took them through narrow passages and underground tunnels, facing challenges such as toxic gases and extreme temperatures. But Mateo and Isabella were determined to keep moving forward, driven by the hope of finding the lost treasure.

As they progressed in their search, they discovered inscriptions and ancient artifacts that confirmed the existence of the treasure. The ancient inhabitants had left carefully hidden clues over the centuries to protect their treasure from those who were unworthy.

Finally, after months of exploration, Mateo and his team reached a hidden underground chamber deep within one of the volcanoes. In the center of the chamber stood a stone pedestal upon which rested a mysterious urn carved with ancient symbols.

With care, Mateo opened the urn and revealed its contents: a collection of jewels, gold statues, and precious objects that glittered in the torchlight. They had found the lost treasure of the volcanoes. Emotion and gratitude filled their hearts as they admired the wonders that had been hidden for centuries.

They decided to bring the treasure back to the town to share it with the community and honor the ancient inhabitants of the area. The news of their discovery quickly spread through Snowy Village, and the town celebrated with joy the recovery of their lost treasure.

But Mateo and Isabella knew that the true treasure was not the jewels or the precious objects, but the history and connection to the ancient inhabitants of the region. Through their research and exploration, they had unearthed not only material wealth but also an important part of their homeland's history.

Las Travesuras de la Panadería 'Risas y Rollos'

En el corazón de Santiago de Chile, había una pequeña panadería llamada "Risas y Rollos". Era un lugar especial, no solo por sus deliciosos panes y pasteles, sino también por algo que lo hacía único: los chistes y travesuras que ocurrían a diario.

El dueño de la panadería, Don Manuel, era un hombre mayor con una risa contagiosa y una colección inagotable de bromas. Cada día, al abrir la tienda, ponía un chiste nuevo en el letrero frente a la panadería. Los clientes llegaban temprano para ver cuál sería el chiste del día.

Un día, Don Manuel decidió jugar una broma especial. Colocó un letrero que decía: "Hoy, todos los pasteles son invisibles". La gente pasaba frente a la panadería, miraba el letrero con curiosidad y luego entraba a la tienda, esperando ver los pasteles mágicos. Cuando llegaban al mostrador, Don Manuel les decía con una sonrisa: "¡Feliz Día de los Invisibles!" y les entregaba pasteles deliciosos que eran muy visibles.

Las risas resonaban en "Risas y Rollos" mientras los clientes se unían a la broma. Don Manuel siempre decía que el ingrediente secreto de sus pasteles era el buen humor. Y sus clientes estaban de acuerdo.

Pero las travesuras no se detenían en los chistes. Un día, mientras estaba en la panadería, Don Manuel notó que uno de los clientes regulares, Don Carlos, estaba a punto de morder su pastel de crema. Sin embargo, antes de que pudiera hacerlo, Don Manuel gritó: "¡Espera! ¡El pastel está de huelga!". Todos en la panadería estallaron en risas mientras Don Carlos hacía una pausa con su tenedor en el aire, preguntándose si su pastel tenía demandas laborales.

Otra vez, Don Manuel se puso una nariz de payaso y comenzó a hacer malabares con panecillos mientras los clientes aplaudían y reían. La panadería se convirtió en un lugar donde la gente no solo venía a comprar pan y pasteles, sino también a disfrutar de una buena dosis de risas.

Un día, una niña llamada Sofía entró en la panadería con su madre. Mientras observaba las payasadas de Don Manuel, se le ocurrió una idea. Después de comprar algunos panecillos, Sofía se acercó a Don Manuel y le preguntó si podía unirse a la diversión.

Don Manuel sonrió y le dio una nariz de payaso a Sofía. Juntos, comenzaron a hacer malabares con panecillos y a contar chistes a los clientes. Las risas llenaron la panadería aún más, y Sofía se convirtió en una parte importante de "Risas y Rollos".

La fama de la panadería se extendió por toda Santiago. La gente venía de todas partes para disfrutar de los deliciosos productos horneados y la alegría contagiosa que llenaba el lugar. "Risas y Rollos" se convirtió en el lugar favorito de la ciudad, donde la comida era deliciosa y la risa era el ingrediente secreto que la hacía aún más especial.

Y así, en medio de risas y bromas, "Risas y Rollos" se convirtió en un lugar icónico en Santiago de Chile. Don Manuel y Sofía demostraron que la vida podía ser más dulce cuando se mezclaba con un poco de diversión y buen humor. Cada visita a la panadería era una experiencia única y llena de alegría, donde los pasteles eran deliciosos y las risas eran el postre perfecto.

The Mischief of the 'Laughs and Rolls' Bakery

In the heart of Santiago, Chile, there was a small bakery called "Laughs and Rolls." It was a special place, not only for its delicious bread and pastries but also for something that made it unique: the daily jokes and pranks that took place there.

The owner of the bakery, Don Manuel, was an elderly man with a contagious laugh and an inexhaustible collection of jokes. Every day, when he opened the shop, he would put up a new joke on the sign in front of the bakery. Customers would arrive early to see what the joke of the day was.

One day, Don Manuel decided to play a special prank. He put up a sign that said, "Today, all the pastries are invisible." People would walk past the bakery, look at the sign with curiosity, and then enter the shop, expecting to see magical pastries. When they reached the counter, Don Manuel would say with a smile, "Happy Invisible Day!" and hand them delicious pastries that were very visible.

Laughter echoed in "Laughs and Rolls" as customers joined in on the joke. Don Manuel always said that the secret ingredient in his pastries was good humor. And his customers agreed.

But the mischief didn't stop at jokes. One day, while in the bakery, Don Manuel noticed that one of his regular customers, Don Carlos, was about to take a bite of his cream pastry.

However, before he could do so, Don Manuel shouted, "Wait! The pastry is on strike!" Everyone in the bakery burst into laughter as Don Carlos paused with his fork in the air, wondering if his pastry had labor demands.

Another time, Don Manuel put on a clown nose and started juggling rolls while customers clapped and laughed. The bakery became a place where people not only came to buy bread and pastries but also to enjoy a good dose of laughter.

One day, a girl named Sofia walked into the bakery with her mother. As she watched Don Manuel's antics, an idea struck her. After buying some rolls, Sofia approached Don Manuel and asked if she could join the fun.

Don Manuel smiled and gave Sofia a clown nose. Together, they started juggling rolls and telling jokes to the customers. Laughter filled the bakery even more, and Sofia became an integral part of "Laughs and Rolls."

The bakery's fame spread throughout Santiago. People came from all over to enjoy the delicious baked goods and the contagious joy that filled the place. "Laughs and Rolls" became the city's favorite spot, where the food was delicious, and laughter was the secret ingredient that made it even more special.

And so, amid laughter and pranks, "Laughs and Rolls" became an iconic place in Santiago, Chile. Don Manuel and Sofia proved that life could be sweeter when mixed with a little fun and good humor. Each visit to the bakery was a unique and joyful experience, where the pastries were delicious, and laughter was the perfect dessert.

El Misterio del Faro Encantado

En la costa rocosa de Chile, cerca del pequeño pueblo pesquero de Bahía Serena, se alzaba un antiguo faro conocido como "El Faro del Abuelo". Durante generaciones, este faro había guiado a los barcos a través de las peligrosas aguas del océano Pacífico, pero también estaba envuelto en misterio y leyendas.

La leyenda decía que cada noche, cuando la luna brillaba en lo alto del cielo y las estrellas parpadeaban, el faro cobraba vida. Sus luces parpadeaban de manera inusual, y extraños sonidos resonaban desde su interior. Los habitantes del pueblo hablaban de sombras misteriosas que danzaban alrededor del faro y de susurros en la brisa nocturna.

Un joven pescador llamado Diego había oído estas historias desde que era un niño. Su abuelo, quien había sido el farero durante muchos años, le había contado historias sobre las noches en que el faro parecía estar encantado. Diego, siempre aventurero y curioso, decidió investigar el misterio por sí mismo.

Una noche, cuando la luna llena iluminaba el horizonte, Diego se aventuró hacia el faro. Llevaba consigo una linterna y una grabadora para documentar cualquier cosa inusual que pudiera encontrar. A medida que se acercaba al faro, las luces parpadeantes parecían brillar de manera más intensa, como si el faro supiera que alguien lo estaba observando.

Diego subió la escalera que conducía al faro y entró en su interior. El interior estaba oscuro y silencioso, pero pronto comenzó a escuchar susurros suaves que parecían provenir de las paredes. Grabó los sonidos y continuó explorando, su linterna iluminando las sombras danzantes en las esquinas.

Luego, llegó a la sala de control del faro, donde su abuelo había pasado muchas noches. Mientras exploraba la sala, notó un antiguo libro de registros en una mesa. Lo abrió y comenzó a leer sobre las observaciones de su abuelo. En las páginas, su abuelo había registrado no solo las condiciones climáticas y el funcionamiento del faro, sino también las extrañas experiencias que había tenido en las noches en que el faro parecía encantado.

Diego estaba asombrado por lo que leyó en el libro de registros. Su abuelo había hablado de figuras sombrías que se movían en el faro, de voces que susurraban palabras en un idioma desconocido y de un misterioso resplandor que emanaba de la linterna del faro.

Decidido a resolver el misterio, Diego siguió investigando. Encontró una puerta secreta detrás de un estante en la sala de control que lo llevó a una habitación subterránea. Allí, descubrió un antiguo telescopio y un conjunto de extraños símbolos grabados en las paredes.

Mientras examinaba los símbolos, sintió una ráfaga de viento frío y escuchó un susurro en su oído. Se dio la vuelta y vio una figura sombría que se movía hacia él. La figura se materializó gradualmente en una hermosa mujer vestida con ropas antiguas.

Era el espíritu de una sirena que había habitado el faro durante siglos.

La sirena le habló a Diego en un lenguaje antiguo, pero él pudo entenderla. Le dijo que ella era la guardiana del faro y que había estado esperando a alguien que pudiera entender su misterio. La sirena le reveló que el faro estaba construido sobre un antiguo templo submarino y que sus luces parpadeantes eran un intento de comunicarse con el mundo de la superficie.

Diego le prometió a la sirena que cuidaría del faro y que lo protegería de cualquier amenaza. A cambio, la sirena le dio un concha marina mágica que tenía el poder de guiar a los barcos de manera segura a través de las aguas peligrosas.

A medida que Diego regresaba al pueblo con la concha en la mano, las luces del faro dejaron de parpadear de manera inusual. Los habitantes de Bahía Serena notaron el cambio y se preguntaron si el misterio del faro finalmente se había resuelto.

Diego siguió siendo pescador, pero también se convirtió en el nuevo farero. Cuidó del faro con amor y respeto, y la leyenda del faro encantado se convirtió en parte de la historia del pueblo.

The Mystery of the Enchanted Lighthouse

On the rocky coast of Chile, near the small fishing village of Serena Bay, stood an ancient lighthouse known as "Grandpa's Lighthouse." For generations, this lighthouse had guided ships through the treacherous waters of the Pacific Ocean, but it was also shrouded in mystery and legends.

The legend said that every night, when the full moon shone high in the sky and the stars twinkled, the lighthouse came to life. Its lights would flicker unusually, and strange sounds would echo from within. The villagers spoke of mysterious shadows dancing around the lighthouse and whispers in the nighttime breeze.

A young fisherman named Diego had heard these stories since he was a child. His grandfather, who had been the lighthouse keeper for many years, had told him tales of the nights when the lighthouse seemed to be enchanted. Diego, always adventurous and curious, decided to investigate the mystery for himself.

One night, as the full moon illuminated the horizon, Diego ventured toward the lighthouse. He carried a flashlight and a recorder to document anything unusual he might find. As he approached the lighthouse, the flickering lights seemed to shine more brightly, as if the lighthouse knew someone was watching.

Diego climbed the stairs leading to the lighthouse and entered its interior. Inside, it was dark and silent, but he soon began to hear soft whispers that seemed to come from the walls. He recorded the sounds and continued to explore, his flashlight illuminating the dancing shadows in the corners.

Then, he reached the lighthouse's control room, where his grandfather had spent many nights. As he explored the room, he noticed an old logbook on a table. He opened it and began to read about his grandfather's observations. In the pages, his grandfather had not only recorded weather conditions and the lighthouse's operation but also the strange experiences he had on the nights when the lighthouse seemed enchanted.

Diego was amazed by what he read in the logbook. His grandfather had written about shadowy figures moving inside the lighthouse, voices whispering words in an unknown language, and a mysterious glow emanating from the lighthouse's lantern.

Determined to solve the mystery, Diego continued his investigation. He found a secret door behind a shelf in the control room that led to an underground chamber. There, he discovered an ancient telescope and a set of strange symbols carved into the walls.

As he examined the symbols, he felt a cold gust of wind and heard a whisper in his ear. He turned around and saw a shadowy figure moving toward him. The figure gradually materialized into a beautiful woman dressed in ancient attire. She was the spirit of a mermaid who had inhabited the lighthouse for centuries.

The mermaid spoke to Diego in an ancient language, but he could understand her. She told him that she was the guardian of the lighthouse and had been waiting for someone who could understand its mystery. The mermaid revealed that the lighthouse was built on top of an ancient underwater temple and that its flickering lights were an attempt to communicate with the surface world.

Diego promised the mermaid that he would take care of the lighthouse and protect it from any threats. In return, the mermaid gave him a magical seashell that had the power to safely guide ships through dangerous waters.

As Diego returned to the village with the seashell in hand, the lights of the lighthouse stopped flickering unusually. The inhabitants of Serena Bay noticed the change and wondered if the mystery of the enchanted lighthouse had finally been solved.

Diego continued to be a fisherman but also became the new lighthouse keeper. He cared for the lighthouse with love and respect, and the legend of the enchanted lighthouse became part of the village's history.

Amor en los Viñedos

En las colinas onduladas de la región vinícola de Chile, donde los viñedos se extendían hasta donde alcanzaba la vista, dos almas se encontraron en un escenario de belleza natural y romance. Natalia y Andrés, dos amantes del vino y de la vida, se conocieron en una bodega familiar llamada "El Sueño de la Uva".

Natalia era una enóloga apasionada, con ojos que reflejaban la profundidad de los vinos que creaba. Trabajaba en la bodega de su familia, donde cada cosecha era un testimonio de su dedicación y amor por el arte de hacer vino. Siempre llevaba un vestido blanco, que se parecía al color del vino chardonnay, su favorito.

Andrés, por otro lado, era un sommelier que había viajado por todo el mundo para aprender sobre los vinos y sus misterios. Su sonrisa era tan cálida como el vino tinto en una noche fría. Decidió establecerse en Chile debido a su amor por los vinos locales y su deseo de explorar la diversidad vinícola de la región.

Una tarde soleada, mientras Natalia estaba inspeccionando las vides doradas, Andrés llegó a la bodega. Sus miradas se cruzaron entre las hileras de uvas maduras, y el destino pareció tejer un lazo invisible entre ellos. Andrés pidió una degustación de vinos, y Natalia se convirtió en su guía personal por el mundo de los vinos chilenos.

A medida que probaban vinos y compartían historias de sus viajes, Natalia y Andrés descubrieron una conexión especial. Sus corazones latían al ritmo de la misma pasión por el vino y la misma admiración por la belleza de los viñedos. La bodega se convirtió en su lugar secreto, donde se reunían para explorar nuevos sabores y perderse en conversaciones que duraban hasta altas horas de la noche.

Con el tiempo, su amor floreció como las vides en primavera. Juntos, comenzaron a crear su propio vino, combinando sus conocimientos y pasión. Cada cosecha era un testimonio de su amor y compromiso el uno con el otro.

Una noche de verano, bajo un cielo estrellado y con las luces de la bodega brillando a su alrededor, Andrés le propuso matrimonio a Natalia entre las hileras de vides. Ella aceptó con lágrimas de felicidad y la promesa de pasar el resto de sus vidas cuidando el viñedo y el amor que habían cultivado juntos.

Los años pasaron, y su amor se profundizó como un buen vino envejecido. Tuvieron hijos que correteaban entre las hileras de uvas y crecieron en medio de la belleza de la región vinícola de Chile. Cada cosecha que producían juntos era un tributo a su amor duradero y a la tierra que habían aprendido a amar.

Natalia y Andrés demostraron que el amor puede ser como un buen vino, mejorando con el tiempo y enriqueciendo nuestras vidas de maneras que nunca podríamos haber imaginado. Su historia de amor en los viñedos de Chile es un recordatorio de que el amor y la pasión pueden ser la chispa que enciende nuestras vidas, incluso en los lugares más pintorescos y sorprendentes.

Love in the Vineyards

In the rolling hills of Chile's wine region, where vineyards stretched as far as the eye could see, two souls came together amidst a backdrop of natural beauty and romance. Natalia and Andrés, two wine enthusiasts and lovers of life, met at a family-owned winery called "The Grape's Dream."

Natalia was a passionate winemaker, with eyes that reflected the depth of the wines she created. She worked at her family's winery, where each vintage was a testament to her dedication and love for the art of winemaking. She always wore a white dress that resembled the color of chardonnay, her favorite wine.

Andrés, on the other hand, was a sommelier who had traveled the world to learn about wines and their mysteries. His smile was as warm as red wine on a cold evening. He decided to settle in Chile due to his love for local wines and his desire to explore the wine diversity of the region.

One sunny afternoon, as Natalia was inspecting the golden vines, Andrés arrived at the winery. Their eyes met amid rows of ripe grapes, and destiny seemed to weave an invisible bond between them. Andrés requested a wine tasting, and Natalia became his personal guide through the world of Chilean wines.

As they sampled wines and shared stories of their travels, Natalia and Andrés discovered a special connection. Their hearts beat to the rhythm of the same passion for wine and the same admiration for the vineyard's beauty. The winery became their secret place, where they met to explore new flavors and lose themselves in conversations that lasted until the late hours of the night.

Over time, their love blossomed like the vines in spring. Together, they began creating their own wine, combining their knowledge and passion. Each vintage was a testament to their love and commitment to each other.

One summer night, under a starry sky and with the winery's lights shimmering around them, Andrés proposed to Natalia amidst the rows of vines. She accepted with tears of happiness and the promise to spend the rest of their lives caring for the vineyard and the love they had cultivated together.

Years passed, and their love deepened like a fine aged wine. They had children who played among the grapevines and grew up amidst the beauty of Chile's wine country. Each vintage they produced together was a tribute to their enduring love and the land they had come to cherish.

Natalia and Andrés showed that love can be like a fine wine, getting better with time and enriching our lives in ways we could have never imagined. Their love story in the vineyards of Chile is a reminder that love and passion can be the spark that ignites our lives, even in the most picturesque and surprising places.